Basado en las historias de Pooh escritas por A. A. Milne
(copyright The Pooh Properties Trust)

SEGUNDA EDICIÓN

2003 EDICIONES GAVIOTA, S. L.
Manuel Tovar, 8
28034 MADRID (España)

ISBN: 84-392-1225-9
Depósito legal: LE. 188-2006
Printed in Spain – Impreso en España
EDITORIAL EVERGRÁFICAS, S. L.
Carretera León – La Coruña, km 5
LEÓN (España)

Disney

Winnie me enseña los

Sonidos

Ediciones Gaviota

¿Alguna vez has probado quedarte
en silencio un momento, para escuchar
los sonidos que te rodean?
Aquí, en el Bosque de los Cien Acres,
hay muchos sonidos diferentes.

¡... Bzzzz, Bzzzzzzz...!

¿Qué es eso?
Un sonido conocido... ¡El zumbido
de una abeja!
¿Quieres escuchar más sonidos?

¡PÍ-PÍ-PÍ-PÍ!

¿Qué es ese sonido?
¿Será un pájaro?

No, es el chirrido
de la vieja carretilla de Conejo.

¡CHOF-CHOF!

¿Qué es ese sonido?
¿Será Conejo regando sus zanahorias?

No, es Piglet, chapoteando
en los charcos.

¡TAM-TAM!

¿Qué es ese sonido de tambores?
¿Acaso hay indios por aquí cerca?

No, es Pooh, intentando sacar del tarro
hasta la última gota de miel.

¡UUUH-UUUH!

¿Qué es ese horrible sonido?
¿Será un fantasma?

No, es Búho, cantando una nana
en la oscuridad.

¡RRRRRR.... RRRR!

¿Qué es ese ronquido?
Rito, ¿estás durmiendo?

No, es Tigger, serrando
madera para el invierno.

¡RRROAR RRROAR!

¿Qué es ese sonido?
¿Será el rugido de un trueno?

No, es la tripa de Pooh,
pidiendo miel.

¡POING, POING, POING!

¿Qué es ese sonido?
¿Será alguien jugando a la pelota?

No, es el bueno de Tigger,
que va a ver a sus amigos.

chameleon

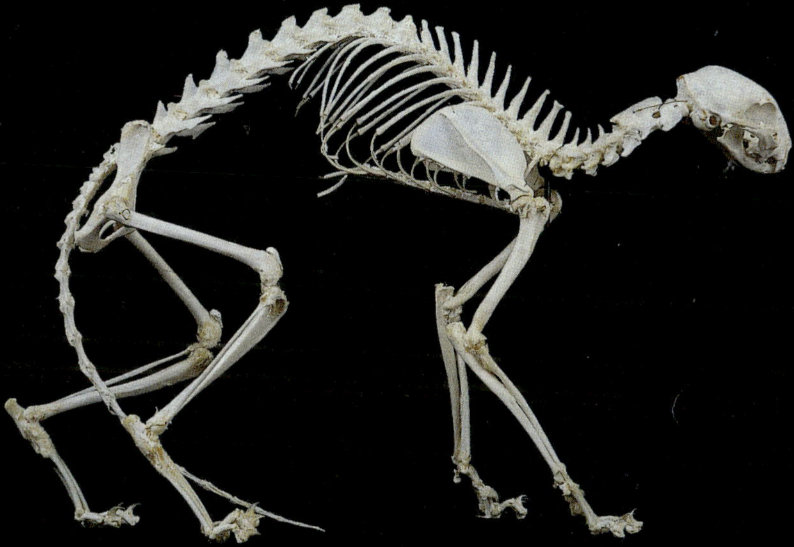

cat

pigeon

Kangaroo

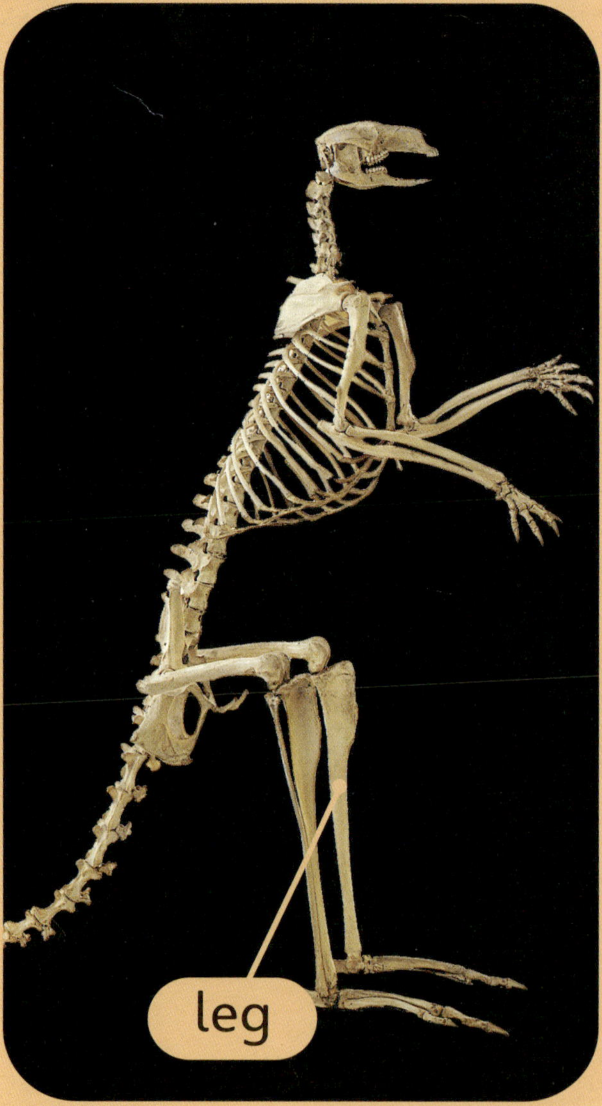

A kangaroo has long bones in its legs.

Animal Skeletons

Contents

Animal skeletons

Most animals have a skeleton.
A skeleton is made of bones.
Most animal skeletons are different.

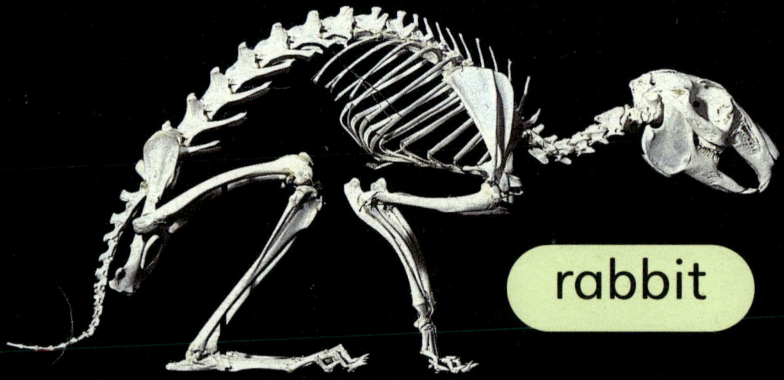

rabbit

lizard

frog

It can jump and hop.

Gorilla

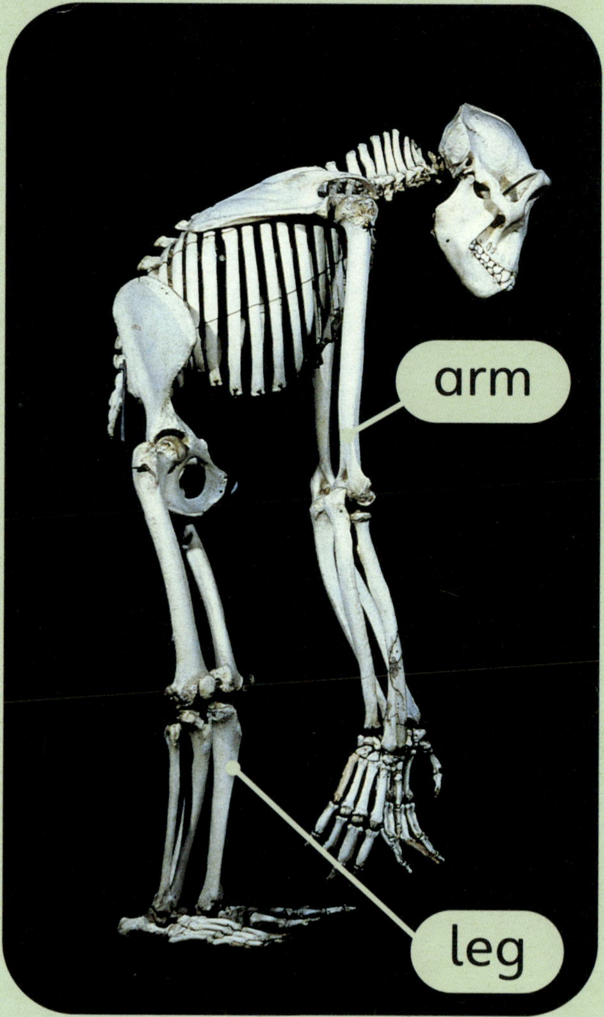

A gorilla has long bones in its arms and legs.

It can swing from tree to tree.

Bat

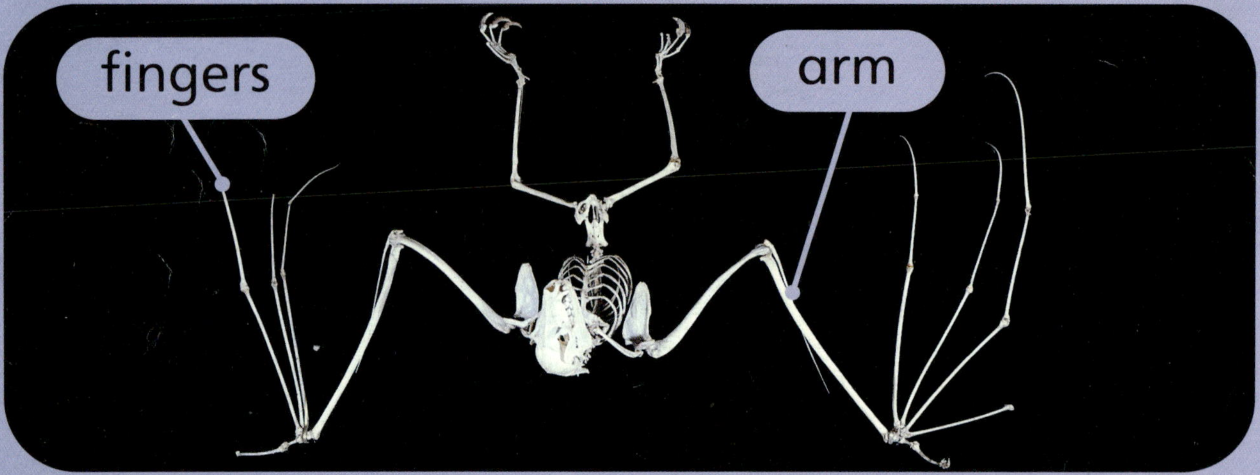

A bat has thin bones in its arms and fingers.

It can fly.

Snake

A snake has about two hundred bones in its spine.

It can wriggle along the ground.

My skeleton

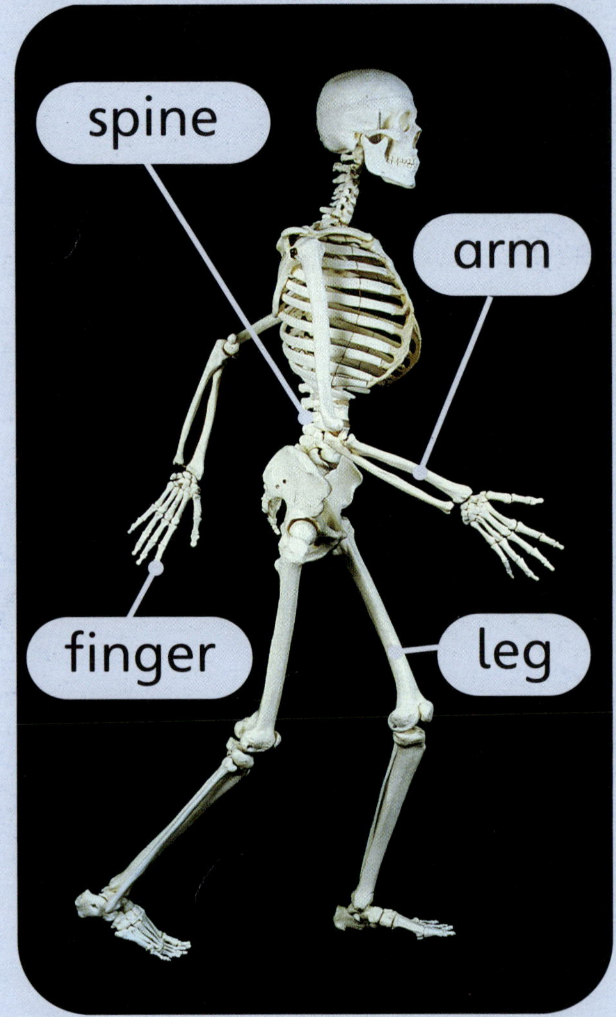

My skeleton has more than two hundred bones.

I can jump, hop, swing and wriggle
but I cannot fly!

Skeleton quiz

This skeleton belongs to ...

1

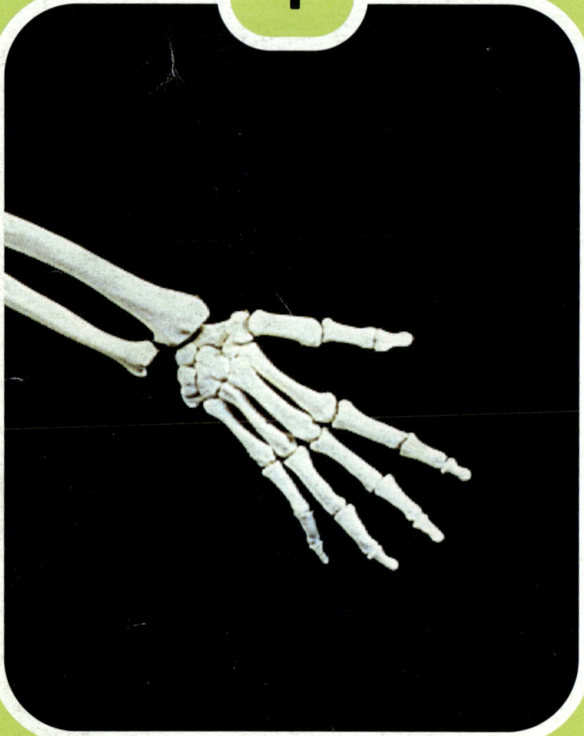

2

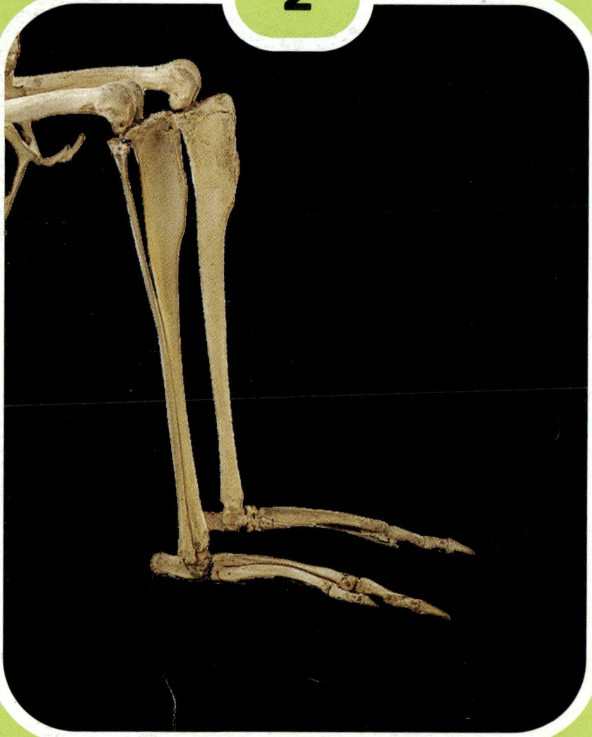

3

4

5

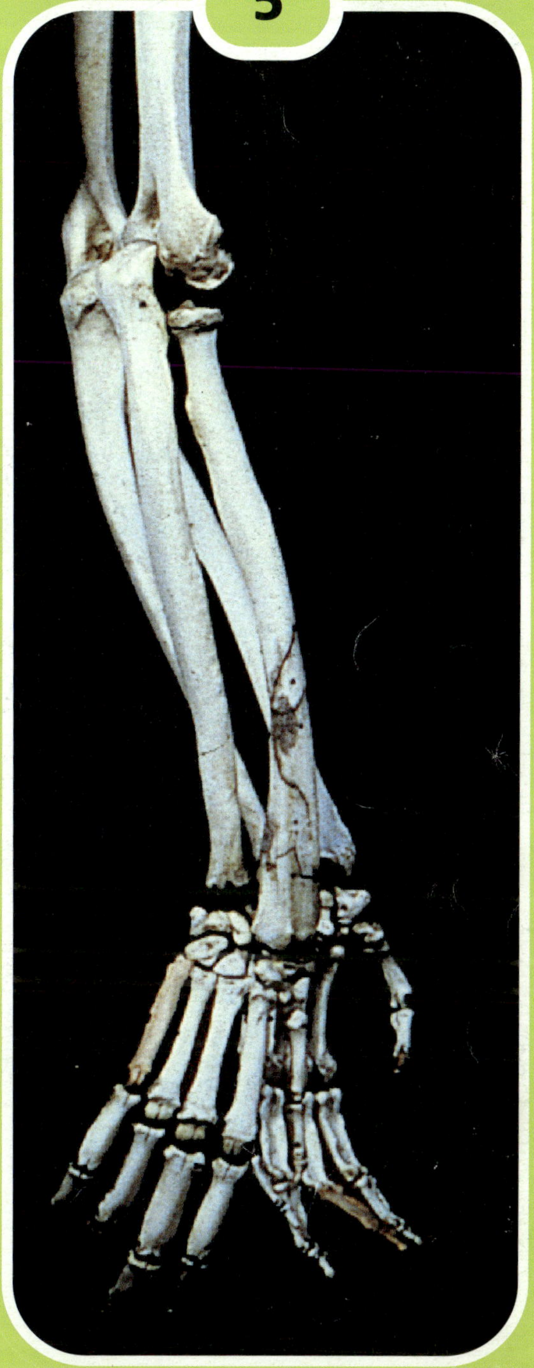

Index